De la 6e à la 5e

11-12 ans

Le secret du Titanic

Christophe Lambert
Marie Eynard
écrivains

Christophe Castel
enseignant

illustré par
Bruno David

Nathan

Présentation

→ **Je lis un récit d'aventures entrecoupé d'exercices de :**
français, maths, histoire, géographie, sciences et technologie.

→ **Je résous des exercices**
qui permettent de reconstituer l'histoire.

→ **Je vérifie ma réponse :**
- elle est juste → j'accède à la suite de l'histoire ;
- elle est fausse → le corrigé me guide pour refaire l'exercice.

→ **Je consulte le mémo en fin d'ouvrage,**
il m'explique la notion abordée dans l'exercice.

→ **Je regarde la table des matières (p. 94-95)**
pour connaitre tous les points du programme abordés dans les exercices.

→ **Je note les indices sur la page 93,**
un par chapitre, ils prouvent que l'enquête avance et que l'histoire est bien comprise.

Correction : Gérard Tassi
Maquette intérieure : Julie Lannes
Mise en page : Lasergraphie

1 

Une curieuse découverte

1 

Le petit sous-marin SUB 1 s'enfonçait dans les sombres profondeurs de l'océan, un monde silencieux, froid et, pour tout dire, assez effrayant.

On trouvait deux hommes à bord de l'engin : Clyde Custer, le célèbre explorateur, et son associé Jordan Barney, un vieux loup de mer qui paraissait toujours de mauvaise humeur. Clyde pilotait pendant que Jordan s'occupait de Nestor, leur robot télécommandé équipé d'une caméra, et qui leur servait aussi à récupérer les objets de taille modeste.

La mission du jour était particulièrement périlleuse : descendre à 3 600 mètres de fond pour visiter le *Titanic*, l'épave la plus célèbre du XXe siècle ! Tristement
(=20e siècle)

célèbre… Le paquebot britannique avait coulé, après avoir heurté un iceberg dans la nuit du 14 au 15 avril 1912. Mille-cinq-cent-dix-sept personnes avaient disparu dans cette catastrophe.

Clyde Custer travaillait pour la *Starship Society*. Il devait remonter des vestiges du paquebot en vue d'une grande exposition qui aurait lieu quelques mois plus tard.

Autour du sous-marin, c'était les ténèbres : une mer d'encre encore plus noire que la nuit.

– Ça n'en finit pas, cette descente, grommela Jordan.

– Regarde par le hublot au lieu de râler, répliqua le pilote. Je crois que l'on touche au but…

En effet, le puissant projecteur de SUB 1 venait d'attraper quelque chose dans son faisceau.

Que vont-ils découvrir dans la vase ?

Pour le savoir, résous ce petit problème.
Pour atteindre le *Titanic* qui repose à 3 600 mètres de fond, le SUB 1 met 3 heures.
Quelle est sa vitesse en km/h ?

0,12 km/h   1,2 km/h   10,2 km/h

Si tu as trouvé 0,12 km/h → Lis le n° 6.
Si tu as trouvé 1,2 km/h → Lis le n° 14.
Si tu as trouvé 10,2 km/h → Lis le n° 9.

mémo 18

3600 ÷ 3 = 1200 = 1,200 km

2

Non. *I'm* est l'abréviation de *I am*, du verbe « être ! »

→ Refais l'exercice du n° 21.

3

La jeune fille lut l'inscription gravée dans le bois et fit la grimace.

– Non, ça ne me dit rien… On pourrait consulter Internet pour essayer de trouver un indice.

– Bonne idée !

Après s'être lavés et restaurés, les deux hommes retrouvèrent leur amie. Kimberley pianotait sur le clavier d'un ordinateur. Koum-Koum, perché sur son épaule, l'imitait en pianotant sur sa tête.

– Alors ? s'enquit Clyde.

Vont-ils trouver quelque chose d'intéressant ?

Réponds à cette question… puisque tu es si curieux(se) !

La phrase « Il n'avait aucune envie de faire un grand plongeon dans l'océan déchainé. » **est :**

a. une phrase simple.

b. une phrase complexe.

Si tu as choisi a. → Lis le n° 10.

Si tu as choisi b. → Lis le n° 13.

mémo 1

4

Clyde obéit. Il n'avait aucune envie de faire un grand plongeon dans l'océan déchainé. L'espace d'un instant, il avait ressenti une sorte d'effroi comparable à celui qui avait dû saisir les naufragés du *Titanic* quand ils avaient réalisé qu'ils allaient irrémédiablement devoir plonger dans l'eau glacée, sans savoir s'ils en ressortiraient.

– Merci, mon vieux, dit-il en se hissant sur le sous-marin.

– C'est pas bientôt fini, vos acrobaties ? les taquina Kimberley depuis le bateau.

Guidé par le bras-grue piloté par Kimberley, le

sous-marin vint se poser comme une fleur au milieu du bastingage. L'endroit était encombré de câbles, de batteries, de caisses de toutes tailles.

Il y avait également un autre petit sous-marin, moins perfectionné que SUB 1, un engin muni d'une paire de bras-pinces qu'on avait baptisé… SUB 2.

– Vous avez trouvé quelque chose ? demanda la jeune femme.

Elle était accompagnée de Koum-Koum, un chimpanzé qu'ils avaient ramené d'une aventure en Afrique équatoriale. Kimberley avait adopté Koum-Koum qui, depuis, ne quittait plus la fine équipe et jouait les mascottes avec une bonne humeur communicative.

– Ouais, je crois qu'on a mis dans le mille, fanfaronna Clyde à peine remis de ses émotions.

– Honk, honk ! fit le singe, admiratif.

Ils décrochèrent le panier ventral du robot pour passer au rituel de la pesée. Délicatement, Koum-Koum déposait les objets exhumés de la vase sur le plateau d'une balance électronique. Celle-ci affichait aussitôt leur poids.

– C'est quoi ça ? questionna Kimberley en montrant le panneau de bois.

– Une énigme à résoudre, répliqua Clyde. La « chambre secrète » du *Titanic*, ça te dit quelque chose ?

Kimberley en saurait-elle plus ?

Pour le savoir, il te suffira de convertir ces pourcentages afin de déterminer le nombre exact d'objets de chaque type ramassés autour de l'épave, en sachant qu'au total il y en a 20.

25 % de bouteilles
15 % de plats
20 % d'éléments de décoration
35 % de couverts en argent
5 % de bibelots divers

a. 4 bouteilles, 3 plats, 4 décorations, 6 couverts et 3 bibelots
b. 5 bouteilles, 3 plats, 4 décorations, 7 couverts et 1 bibelot

Si tu as trouvé a. → Lis le n° 15.
Si tu as trouvé b. → Lis le n° 3.

mémo 15

5

Faux. « Ben » est une tournure orale peu soutenue.

→ Refais l'exercice du n° 17.

6

Tu as fait une erreur de conversion ! Lis le mémo.

→ Recommence l'exercice du n° 1.

7

Tu as mal traduit.

→ Refais l'exercice du n° 21.

8

Faux. Le radical commun est « mer ».

→ Recommence l'exercice du n° 20.

9

Faux ! Tu as fait une erreur de virgule en convertissant les m en km. En 3 heures, il descendrait à 30,6 km !

→ Recommence l'exercice du n° 1.

10

– J'ai tapé les mots-clés « légendes, mystères, *Titanic* » et j'ai eu 584 réponses ! expliqua la jeune fille. Je suis en train de passer les sites en revue, un par un. C'est assez long.

Jordan émit un grognement :

– C'est quoi, les « mystères du *Titanic* » ?

– Oh, il y en a une ribambelle, répondit Kimberley. Certaines personnes pensent qu'il y avait une bombe dans les soutes du paquebot et que l'iceberg n'est en rien responsable du naufrage. Il y a aussi cette histoire de momie qui revient très souvent.

– De momie ?

– Oui, celle de la princesse Amon-Ra, morte 1 500 ans avant notre ère et qui fut enterrée à Louxor, sur les rives du Nil. On prétend que cette momie séjourna quelque temps au *British Museum* avant d'être vendue à un collectionneur américain. Elle n'arriva jamais en Amérique puisque, d'après la légende, elle se trouvait dans les cales du *Titanic*...

– Hum, intéressant... Mais tu n'as rien au sujet d'une chambre secrète ?

– Non... Ah, si... je crois que j'ai trouvé !

Qu'a trouvé Kimberley ?

Tu brules de le savoir ? Alors, réponds d'abord à cette simple question : à propos d'Égypte ancienne, qui a découvert la signification des hiéroglyphes ?

Pierre de Rosette — Champollion

Si tu penses que c'est Pierre de Rosette → Lis le n° 19.
Si tu penses que c'est Champollion → Lis le n° 11.

11 

Kimberley lut tout haut :

« Une source anonyme (sans doute un membre de l'équipage rescapé) affirme qu'il y avait une salle étanche et blindée quelque part dans les niveaux inférieurs du paquebot. Cette chambre forte aurait contenu des sommes d'argent considérables, en billets et bons du trésor ; sommes destinées à équilibrer la balance commerciale entre les États-Unis et l'Angleterre. On ne trouve aucune trace de ce précieux chargement sur le carnet de bord car il était déclaré comme “ courrier ” et non comme “ marchandise ”. La banque d'Angleterre ne livrant ses archives qu'au bout de cent ans, nous n'aurons la réponse à cette énigme qu'en 2012. »

– Et moi je vous garantis qu'on aura la réponse avant ! s'exclama Clyde. On replonge dès demain !

– Honk, honk, acquiesça le singe en tapant sur sa poitrine velue.

– Qui a bien pu trouver refuge dans cette salle ? dit Kimberley, pensive.

– Thomas Andrews par exemple, ironisa Clyde, le concepteur du bateau, qui s'est peut-être réfugié là, de peur de se faire zigouiller par les passagers, surs d'être à bord d'un engin insubmersible… En tout cas, il ne devait pas y avoir beaucoup de gens au courant de l'existence de cette salle étanche…

De son côté, le vieux Jordan n'avait pas perdu de temps. Il examinait un plan du *Titanic*, déplié sur une table basse. Son doigt parcourait la vue en coupe du paquebot, s'attardant sur les endroits susceptibles d'abriter une salle secrète.

– Tout le milieu du navire était occupé par les soutes à charbon et la salle des moteurs, dit-il. Je ne vois donc que

deux solutions : à la proue, sous la salle du tri postal, ou à la poupe, entre les moteurs et les cabines de 3e classe…

– C'est peut-être sous la salle du tri postal, hasarda Kimberley. Puisque l'argent de la banque d'Angleterre était déclaré comme « courrier »…

– Bonne remarque, trancha Clyde. On commencera par explorer la proue !

Dans quelle partie du bateau la salle secrète était-elle cachée ?

Pour le découvrir, repère tous les mots appartenant au champ lexical de la mer et entoure-les dans la grille ci-dessous :

ancre — bâbord
bateau — mer
océan — onde
vague — vent

B	A	B	O	R	D
P	A	N	C	R	E
R	D	T	N	E	V
E	O	M	E	R	U
E	O	C	E	A	N
E	U	G	A	V	U

Écris ci-dessous les lettres restantes dans l'ordre : c'est ton PREMIER INDICE.

Proue

Note-le vite sur la page-indices (p. 93).

→ **Maintenant, lis le chapitre 2.**

mémo 10

12

Tu t'es trompé(e).

→ Va lire le mémo correspondant et refais l'exercice du n° 17.

13

Non. Rappelle-toi : une phrase simple est composée d'un seul verbe conjugué.

→ Refais l'exercice du n° 3.

14

– Oui, c'est bien lui ! s'écria Clyde.

Émergeant d'un brouillard de vase, le *Titanic* apparut, tel un vaisseau fantôme sortant d'un cauchemar…

– Approchons-nous encore, dit Clyde.

Comparé au paquebot, le petit sous-marin faisait figure d'insecte. L'avant du *Titanic* semblait en bon état (la rouille mise à part) jusqu'à l'emplacement de la deuxième cheminée. Après, c'était l'apocalypse : le navire s'était cassé en deux au moment du naufrage. Ce spectacle saisit à la gorge les deux explorateurs.

Clyde Custer vira sur tribord et son engin s'éloigna dans un vrombissement d'hélice feutré. Sept-cents mètres plus loin, on trouvait l'arrière du bateau, qui ressemblait à un millefeuille géant, avec tous ses ponts ratatinés sur

eux-mêmes. Un champ de débris s'étendait sur un large périmètre autour de cette portion de l'épave. Çà et là, quelques chaussures éparses rappelaient l'existence de ces hommes et de ces femmes, quelque quatre-vingt-dix ans plus tôt.

– J'envoie le robot ? questionna Jordan.

– Oui, vas-y.

Nestor le robot était muni d'un bras articulé, terminé par une pince. Un câble souple le reliait au sous-marin. Jordan manœuvrait Nestor grâce à un joystick directionnel qui paraissait tout droit sorti d'une console de jeux vidéo. Très concentré, le vieux loup de mer attrapait toutes sortes d'objets (des bouteilles, des plats, des éléments de décoration) à moitié ensevelis pour les glisser ensuite dans le panier ventral du robot.

Jordan avait presque terminé sa moisson lorsqu'un détail curieux attira son attention.

– Hé, vise un peu ça, Clyde…

Que voit Jordan ?

Pour le découvrir, réponds à cette question.
À quelle classe appartiennent les insectes ?

a. les vertébrés **b.** les invertébrés

Si tu as choisi a. → Lis le n° 16.
Si tu as choisi b. → Lis le n° 21.

15

Tu t'es trompé(e).

→ Recommence tes calculs dans l'exercice du n° 4.

16

Les insectes n'ont pas de vertèbres !

→ Retourne à l'exercice du n° 14.

17

« Au secours, je suis dans la chambre secrète », murmura Clyde Custer.

– Ben celle-là, c'est la meilleure ! grogna son acolyte. Une cachette secrète ? dans le *Titanic* ? Tu avais déjà entendu parler de ça, toi ?

– Non… Mais c'est logique après tout. Le *Titanic* transportait beaucoup de gens très fortunés.

Il est possible qu'ils aient souhaité regrouper leurs biens les plus précieux dans une sorte de coffre-fort.

Les deux hommes restèrent quelques instants silencieux, chacun plongé dans ses pensées.

– Il y a peut-être encore de l'or ou des bijoux, dans cette chambre forte ? dit finalement à voix haute le vieux loup de mer.

– Nous verrons ça plus tard. En attendant, remontons.

– D'accord, fiston.

Clyde attendit que Nestor le robot eut réintégré les cales du sous-marin, puis amorça la remontée vers la surface.

Comment vont-ils éclaircir cette énigme ?

Il te suffit de répondre à cette question pour progresser dans ta lecture.

« Ben celle-là, c'est la meilleure ! »

À quel registre de langue appartient cette phrase ?

a. soutenu **b.** courant **c.** familier

Si tu as choisi a. → Lis le n° 5.
Si tu as choisi b. → Lis le n° 12.
Si tu as choisi c. → Lis le n° 20.

mémo 11

18

Non, tu t'es trompé(e). Rappelle-toi que les suffixes se placent en fin de mot.

→ Refais l'exercice du n° 20.

19

Non, c'est à Rosette que Champollion a découvert la pierre qui lui a permis de déchiffrer les hiéroglyphes !

→ Rends-toi au n° 11.

20

Le sous-marin émergea au milieu d'une mer houleuse aussi grise que le ciel qui pesait sur elle, et se mit à danser comme un jouet d'enfant dans une baignoire. Heureusement, le bateau de Clyde Custer, *Le Pélican*, vint assez vite repêcher les deux aventuriers. *Le Pélican* était piloté par Kimberley, l'assistante de Custer. Cette jeune fille aussi jolie qu'efficace n'avait pas froid aux yeux.

Elle était chargée de l'organisation des expéditions et de la logistique.

Soudain, *Le Pélican* prit une vague par le travers. La coque du bateau heurta celle du sous-marin qui n'était pas encore complètement remonté. Clyde et Jordan, perchés sur le dessus de leur engin, furent violemment secoués.

– Je glisse ! hurla Clyde en sentant qu'il partait à la renverse.

– Attrape ma main ! cria Jordan qui agrippait de toutes ses forces le poignet de son ami.

Clyde va-t-il tomber dans la mer déchainée ?

Pour le savoir, réponds à cette question.
Dans « émerger » et « submersible », comment les éléments soulignés s'appellent-ils ?

des préfixes des radicaux des suffixes

Si tu penses que ce sont des préfixes → Lis le n° 4.
Si tu penses que ce sont des radicaux → Lis le n° 8.
Si tu penses que ce sont des suffixes → Lis le n° 18.

mémo 8

21

La pince de Nestor agrippait un vieux bout de bois. Quelque chose était écrit dessus, gravé au couteau.

– Zoome avec la caméra, conseilla Clyde.

L'image neigeuse du moniteur vidéo grossit jusqu'à ce que l'on puisse lire distinctement :

« HELP, I'M IN THE SECRET ROOM. »

Que signifie cette mystérieuse inscription ?

Pour vite le découvrir, traduis-la correctement.

a. Hé, j'ai une chambre secrète !

b. Au fait, c'est un secret branché !

c. Au secours, je suis dans la chambre secrète !

Si tu as traduit par la phrase a. → Lis le n° 2.
Si tu as traduit par la phrase b. → Lis le n° 7.
Si tu as traduit par la phrase c. → Lis le n° 17.

2

Incidents de plongée

1 

Nos amis téléphonèrent à leur employeur, la *Starship Society*, qui se montra fort intéressée par ce qu'ils avaient à raconter. Si l'on mettait la main sur ce « trésor » inespéré, il servirait à financer de futures expéditions, et l'équipe de Custer gagnerait une jolie prime au passage.

Le lendemain, les éléments s'étaient calmés : un soleil éblouissant dardait ses rayons sur les flots apaisés. Mais tout l'horizon à l'ouest était comme embrumé. En bon marin, Clyde savait que ça n'était pas très bon signe.

– Il faudra surveiller ça, Kim, dit-il.

La jeune fille hocha la tête. Les deux hommes grimpèrent dans leur sous-marin d'exploration, pour repartir à l'assaut des mystères du *Titanic*.

Enfin, le bras-grue largua le submersible et une gerbe d'écume monta vers le ciel avant de retomber en gouttelettes scintillantes.

– Bon, nous voilà partis pour trois heures de descente, grommela le vieux râleur. Et j'ai oublié de prendre mon bouquin. Pffff, qu'est-ce que je vais faire pendant trois heures ?

– Allez, ne t'inquiète pas, on trouvera bien de quoi s'occuper…

Que leur réserve cette nouvelle plongée ?

Si tu veux le savoir, réponds à cette question.
Pour rejoindre les États-Unis en partant d'Angleterre, quel océan faut-il traverser ?

a. Atlantique **b.** Pacifique **c.** Indien

Si tu as choisi a. → Lis le n° 14.
Si tu as choisi b. → Lis le n° 17.
Si tu as choisi c. → Lis le n° 20.

2

Tu t'es trompé(e). « Acier » est un nom qui complète le nom « mur ». Il ne s'agit donc pas d'un complément du verbe puisqu'il n'est pas placé après un verbe.

→ Refais l'exercice du n° 15.

3

Tu t'es trompé(e). → Recommence l'exercice du n° 5.

4

Tu t'es trompé(e). As-tu choisi la bonne opération ?

→ Refais l'exercice du n° 18.

5

En effet, presque au-dessous de l'escalier, la caméra à rayons X détecta un quadrilatère assez grand aux parois extrêmement épaisses.

Impossible cependant d'y aller sans Nestor et sans scaphandre.

– Passe-moi le plan du bateau, on va voir ce qui est indiqué à cet endroit, demanda Clyde.

Jordan ouvrit le coffre dans lequel ils rangeaient les cartes, les plans et de quoi écrire. Il en sortit le plan, le déplia et ouvrit de grands yeux ronds.

– Qu'est-ce que tu as ? s'enquit Clyde.

Qu'a découvert Jordan sur le plan ?

Tu le sauras en répondant à cette nouvelle question.
Dans un quadrilatère, combien y a-t-il de sommets, de côtés et d'angles ? Si tu penses qu'il y a :

2 sommets ; 2 côtés ; 2 angles → Lis le n° 11.
4 sommets ; 4 côtés ; 4 angles → Lis le n° 10.
8 sommets ; 8 côtés ; 8 angles → Lis le n° 3.

mémo 16

6

Heureusement, les dents petites ou grosses ne parvinrent pas à entamer le titane renforcé du scaphandre. Jordan continua d'avancer en direction du sous-marin dans un essaim de poissons. Il réalisa qu'il lui fallait absolument protéger son tuyau d'alimentation mais lorsqu'il y jeta un coup d'œil, il constata avec horreur qu'une horde de petits monstres s'acharnait déjà dessus. Il tenta de les chasser, mais d'autres venaient, puis d'autres encore. Ils avaient trouvé son point faible. Il n'avait qu'une main pour se protéger, de l'autre il tenait Nestor et ne le lâcherait pas.

« Un Jordan ne lâche jamais ! »

C'est ce que pensait Clyde en rembobinant le plus vite possible le tuyau d'arrivée d'air pour aider son ami à avancer. Il ne le voyait pas bien : Jordan progressait dans un nuage de vase et de frétillements poissonneux indistincts. Les petites dents finirent par venir à bout de leur proie. Une nuée de bulles folles s'échappa du tuyau qui tressautait dans tous les sens. Jordan ne recevrait plus d'oxygène pour les quelques mètres qu'il lui restait à parcourir. Le temps sembla se ralentir.

Jordan va-t-il manquer d'oxygène ?

Pour le savoir, réponds à cette question.
À quel mode est conjugué le verbe dans cette proposition : « et ne le lâcherait pas » **?**
a. à l'indicatif **b.** à l'impératif **c.** au conditionnel

Si tu as choisi a. → Lis le n° 8.
Si tu as choisi b. → Lis le n° 19.
Si tu as choisi c. → Lis le n° 23.

mémo 3

7 

Tu t'es trompé(e) dans tes calculs.

→ Refais l'exercice du n° 14.

8 

Faux ! Va lire le mémo correspondant.

→ Recommence l'exercice du n° 6.

9

Attention ! *Mite* est un homonyme du mot que tu cherches.

→ Retourne à l'exercice du n° 21.

10

Pour toute réponse, Jordan montra le plan du *Titanic* à son patron. Il était entièrement gribouillé au marqueur rouge et était devenu complètement illisible.

Les deux hommes lancèrent d'une même voix désabusée :

– Koum-Koum !

Jordan ajouta en soupirant :

– Cette fois, on doit vraiment remonter, mon vieux. Il est presque 19 h.

Le sous-marin commença doucement son ascension…

La remontée va-t-elle se passer sans incident ?

Pour le découvrir, résous cette énigme.

Le mot CANOË a une anagramme. **Écris-la :**

....

Puis attribue à chaque lettre de cette anagramme la valeur suivante :

C = 6 A = 0 N = 0 O = 2 E = 9

Tu obtiens un nombre décimal à deux chiffres après la virgule représentant la longueur du *Titanic* (en m).

Écris ta réponse :

C'est ton DEUXIÈME INDICE. Note-le vite sur ta page-indices (p. 93).

→ **Maintenant, va au chapitre 3.**

mémo 13

11

Mauvaise réponse. Souviens-toi que « quadri » veut dire 4 !

→ Refais l'exercice du n° 5.

12

Clyde réussit à se poser juste à l'endroit désiré, à côté de l'écoutille numéro 2.

– Voilà, c'est ça, marmonna le pilote.

Le robot s'engouffra dans le *Titanic* par la déchirure qui lui avait été fatale.

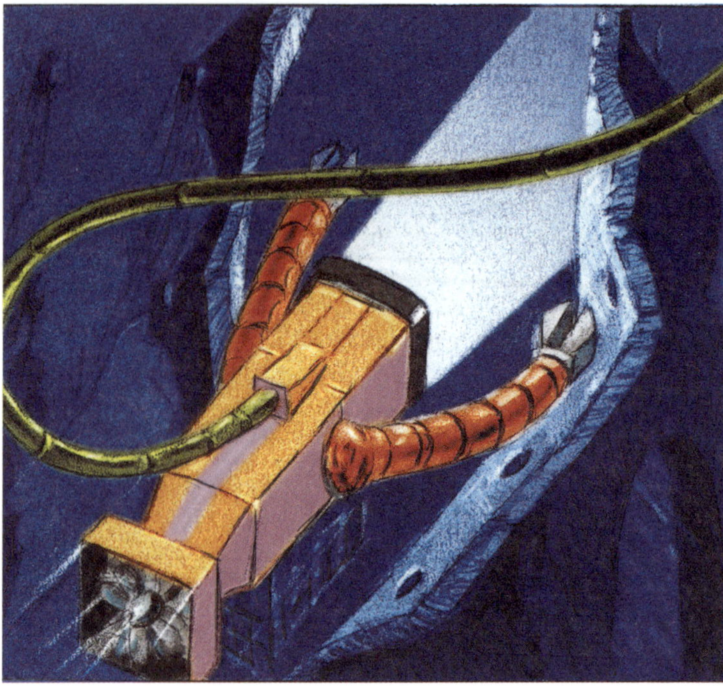

En y regardant de plus près, on se rendait compte que l'iceberg n'avait pas vraiment « déchiré » la coque. Il s'était contenté d'appuyer de tout son poids sur les tôles en acier qui, déformées, avaient fait sauter des centaines de rivets comme des bouchons de champagne !

Nestor explorait à présent la cale des marchandises. Le mur du fond pouvait dissimuler une entrée secrète, d'après Jordan.

Nos deux explorateurs sursautèrent à la même seconde devant l'image de cauchemar qui apparut soudain sur leur écran neigeux.

Quelle est cette vision de cauchemar ?

Pour le découvrir, choisis la bonne réponse.
Les icebergs à l'origine du naufrage du *Titanic* se sont détachés :
a. de la banquise. **b.** de la calotte glaciaire.

Si tu as répondu a. → Lis le n° 22.
Si tu as répondu b. → Lis le n° 15.

13

Faux ! Dans cet exemple précis, « acier » se rapporte à « mur » et ne peut pas être complément de phrase.

→ Refais l'exercice du n° 15.

14

Trois heures plus tard, le sous-marin atteignait le fond de l'océan. On aurait dit la surface de la lune, les cratères en moins. L'épave dressait fièrement sa proue face à eux. On avait construit des paquebots plus grands ou plus rapides que celui-ci au cours du siècle écoulé, mais aucun de ces dignes successeurs ne l'égalait sur le plan de la beauté pure. Bien sûr, il y avait eu l'*Olympic*, le frère jumeau du *Titanic*, mais il avait été démoli en 1935. Les concepteurs de ces bateaux avaient mis l'accent sur le luxe et le confort de leurs palaces flottants. Le *Titanic* (enfin, ce qu'il en restait) était bien le dernier d'une époque révolue, une sorte de dinosaure...

Au loin, la silhouette de la poupe évoquait une antique pyramide. Tout paraissait figé, comme si le temps n'avait aucune emprise à cette profondeur.

– On va essayer d'aller au plus près, annonça Clyde. On enverra le robot en éclaireur à l'intérieur du *Titanic.*

– D'accord, chef.

Clyde pilotait le SUB 1 avec habileté. Son travail était compliqué car de forts courants marins faisaient parfois dévier le sous-marin de son cap. Il fallait alors toute la science du célèbre explorateur pour rétablir la trajectoire initiale et ne pas risquer de heurter quelque chose.

À cette profondeur, une pression incroyable s'exerçait autour d'eux ; si le verre renforcé de l'un des hublots se fendillait, ne fût-ce que de quelques millimètres, le sous-marin risquait d'imploser, broyé comme une vulgaire canette de soda !

Nos héros vont-ils atteindre l'épave ?

Pour le savoir, convertis ces fractions.

La plongée dure 3 heures, Clyde et Jordan ont passé $\frac{1}{4}$ de leur temps à vérifier le bon fonctionnement de leur matériel, puis $\frac{2}{3}$ à jouer aux cartes.

Combien de temps leur reste-t-il pour contempler le spectacle à travers les hublots ?

15 minutes 20 minutes

Si tu as trouvé 15 minutes → Lis le n° 12.
Si tu as trouvé 20 minutes → Lis le n° 7.

mémo 14

15 

Une gueule monstrueuse, hérissée de dents tranchantes comme des scalpels, avait surgi des ténèbres.

Jordan fit revenir Nestor le plus vite possible en rembobinant sa longe flexible, mais elle s'était accrochée à une saillie de l'épave. Une énorme murène verdâtre et sans yeux qu'ils avaient dérangée dans son antre s'acharnait à présent sur le nez de Nestor.

Jordan s'emporta :

– Tu vas lâcher mon Nestor, espèce de gargouille !

– Ne tire pas sur la longe, elle va casser ! Fais une manœuvre en douceur pour la dégager, conseilla Clyde.

Mais Jordan continua de s'énerver et un petit combat s'engagea entre le robot et le poisson. Ce dernier se prit une droite en pleine mâchoire suivie d'un uppercut. Il contrattaqua et referma ses dents sur le bras articulé, sectionnant un câble de transmission. Jordan eut beau s'acharner sur le joystick, rien à faire, il ne répondait plus.

Le monstre lâcha soudainement le bras. Le robot fit une embardée et le câble le reliant au sous-marin se sectionna net ! L'image vidéo disparut de l'écran.

– Ah, bravo ! explosa Clyde. Je t'avais dit de faire attention !

– Ça va ! aboya Jordan, vexé. J'y peux rien, moi ! C'est cette satanée bestiole !… OK, je vais y aller.

Sans Nestor, on pouvait dire adieu aux recherches et aux explorations.

– Écoute, je ne sais pas si c'est une bonne idée. La murène risque de s'en prendre à toi et si elle fait une entaille dans ton scaphandre…

– Hors de question que je laisse Nestor dans ce trou, si c'est ce que tu suggères, répondit Jordan, têtu comme une mule.

Après avoir enfilé un énorme scaphandre, il entra dans le sas du sous-marin, qui se remplit peu à peu d'une eau glacée.

D'un bond, il fut à l'extérieur, pareil à un astronaute arpentant une planète étrangère. Le

SUB 1 l'avait déposé à l'entrée de la brèche. Il progressait lentement, avec des gestes maladroits. Un souffle rauque lui parvenait et emplissait son casque. Il mit quelques minutes à réaliser qu'il s'agissait de sa propre respiration. Il avait l'impression de marcher au ralenti. Ses pieds s'enfonçaient dans la boue.

À l'aveuglette, Jordan fourra son bras dans l'amas de ferraille. Il tira. Il ne tenait que des débris rouillés qui s'effritèrent aussitôt. Il replongea le bras et ramena cette fois le bout du câble sectionné, qu'il se mit à tirer lentement.

Jordan va-t-il récupérer Nestor ?

Si tu veux poursuivre l'aventure, réponds à cette question.
Dans le groupe nominal « un mur d'acier », quelle est la fonction de « acier » ?

a. complément de verbe
b. complément du nom
c. complément de phrase

Si tu as répondu a. → Lis le n° 2.
Si tu as répondu b. → Lis le n° 18.
Si tu as répondu c. → Lis le n° 13.

mémo 2

16

Faux. Souviens-toi que le périmètre d'un cercle est $\pi \times d$ ($\pi \approx 3,14$) !

→ Refais l'exercice du n° 23.

17

Non, le Pacifique relie le continent américain à l'Asie !

→ Retourne à l'exercice du n° 1.

18

Jordan fut soulagé lorsqu'il vit apparaitre Nestor à peu près intact, excepté son bras mordu et quelques éraflures. Ce n'était qu'une mécanique sans âme, un tas de ferraille, mais Jordan s'était attaché au petit robot. Pas question de le laisser tout seul au fond de l'océan.

Il était sur ses gardes, prêt à bondir si la murène surgissait du trou, mais il ne vit rien. Pressé de déguerpir, il tourna les talons et reprit sa marche pesante vers le sous-marin. Il voyait le SUB 1 et Clyde, à l'intérieur, qui le regardait. Soudain, il vit son patron changer d'expression. Était-ce de la surprise ou de la panique ? Certainement un peu des deux. En tout cas, Clyde regardait derrière Jordan et faisait de grands gestes.

Jordan se retourna aussi vite qu'il put, c'est-à-dire très lentement. Il eut le temps de voir fondre sur lui la murène, escortée d'un escadron de petits à peine sortis de l'œuf. Il voyait luire leurs dents de lait dans le faisceau de sa lampe frontale. Jordan mit ses bras en avant pour parer l'assaut.

Jordan va-t-il sortir indemne de cette attaque ?

Tu meurs d'envie de savoir ce qui va se passer, alors résous vite ce problème.

Sachant que le *Titanic* comptait à son bord 2 223 personnes, dont :

– 329 passagers de première classe
– 285 passagers de deuxième classe
– 710 passagers de troisième classe

Détermine *x*, qui correspond au nombre de membres d'équipage.

$x = 3\ 547$ $\qquad$ $x = 899$

Si tu as trouvé 3 547 → Lis le n° 4.
Si tu as trouvé 899 → Lis le n° 6.

19

Non, il ne s'agit pas de l'impératif. Rappelle-toi que l'impératif est utilisé pour donner un ordre, formuler un souhait. *Écoute ! Viens ici !*

→ Recommence l'exercice du n° 6.

20

Tu t'es trompé(e) ! L'océan Indien borde l'Asie !

→ Retourne à l'exercice du n° 1.

21

– Alors ça, c'est bizarre, dit Jordan. La jauge indique qu'il nous reste de quoi respirer pendant cinq heures, comme si on n'avait rien consommé du tout depuis qu'on est en bas !

– C'est impossible ! Cet appareil débloque !

Clyde tapota le cadran. L'aiguille indiqua d'abord deux heures, puis de nouveau cinq heures, puis trois heures. Tout cela confirmait les craintes des deux hommes.

– La jauge est cassée, grinça Clyde. Quelle heure est-il ?

– 18 h 15…

– Bon, on a encore trois quarts d'heure devant nous, calcula Clyde. Pas le temps de se lancer dans quelque chose de compliqué. On n'a qu'à passer toutes les soutes aux rayons X. On verra bien.

Le petit sous-marin scanna la coque entière de cette partie du *Titanic.*

– Si on allait jeter un coup d'œil dans le grand escalier ? hasarda Jordan.

– On n'est pas là en touristes, Jordan !

– Oui, mais ils ont peut-être caché cette chambre dans un endroit complètement inattendu, comme le salon des premières classes.

Clyde n'y croyait pas mais ne résista pas à l'envie de voir ce vestige de décor mythique. En remontant, ils continuèrent de scanner la coque jusqu'à détecter l'armature de l'escalier. Soudain, Jordan s'écria :

– J'ai vu quelque chose, redescends un peu !

Qu'a vu Jordan ?

Seuls ceux qui répondront correctement à cette question le sauront !

Comment écris-tu le mot qui désigne le récit des aventures des dieux chez les Égyptiens et les Grecs ?

a. un mythe

b. un mite

Si tu as choisi a. → Lis le n° 5.

Si tu as choisi b. → Lis le n° 9.

mémo 7

22

Non, les icebergs sont des blocs d'eau douce gelée. Ils ne proviennent donc pas de la calotte glaciaire puisque la banquise est constituée d'eau de mer, donc salée.

→ Retourne à l'exercice du n° 12.

23

Courbé en deux par l'effort, Jordan parvint jusqu'au sas et s'y engouffra, les bébés murènes aux trousses et

la maman accrochée à Nestor. Lorsque le marin ôta son casque avec des gestes tremblants, son visage apparut presque violet. Il avala une longue goulée d'air et ne se préoccupa même pas des poissons privés d'eau qui frétillaient à ses pieds. La mère murène faisait des bonds impressionnants et se cognait contre les parois. Jordan pénétra prestement dans l'habitacle, aussitôt soutenu par son ami. Il tenait toujours le robot.

– J'ai bien cru que tu n'allais pas arriver à nous ramener ce bon vieux Nestor, plaisanta Clyde en tendant une tasse de café chaud à son vieux compagnon.

– Il faut plus qu'une bande de vampires bigleux pour arrêter Jordan Barney, le coureur de fond, rétorqua Jordan avec un petit sourire qui dissimulait mal ses difficultés à se remettre de ses émotions.

– Bon, tu veux une médaille ou on se remet au boulot ? lança Clyde en se postant aux commandes.

– Oui mais, sans Nestor… ?

– Sans Nestor, on peut quand même passer la coque aux rayons X et voir ce que ça donne, coupa Clyde Custer.

– C'est toi le chef.

Aussitôt dit, aussitôt fait.

Le sous-marin glissait au ras de la coque du paquebot. Des formes floues se dessinaient sur l'écran de contrôle de nos amis. Il s'agissait d'immenses chaudières, si l'on en croyait les plans officiels du navire. Rien de tout ceci ne ressemblait à une salle secrète.

– Bon, eh bien il semblerait qu'elle ne soit pas ici, soupira Jordan. Ça aurait été trop simple. Et si on ratissait le reste de l'épave ?

– Pourquoi pas, tant qu'on y est… Combien il nous reste d'oxygène ?

Dès que le regard du vieux marin se posa sur la jauge, ses sourcils se froncèrent.

Pourquoi Jordan semble-t-il inquiet ?

Résous ce petit problème pour en savoir plus.

En tournant sur lui-même, Nestor avait tracé un cercle d'un diamètre de 5 mètres.

Quel est le périmètre de ce cercle (prends $\pi = 3{,}14$) ?

7,85 m 15,70 m

Si tu as trouvé 7,85 m → Lis le n° 16.
Si tu as trouvé 15,70 m → Lis le n° 21.

mémo 19

3 

Une nuit agitée

1 

À la surface, la brume de la veille bouchait l'horizon de manière beaucoup plus inquiétante, et une mauvaise nouvelle attendait nos amis.

– La météo annonce l'arrivée d'une grosse tempête, dit Kimberley. On a une journée de sursis maximum. Il faut retourner à l'épave sans tarder !

– Et comment ! On a une piste sérieuse pas loin du grand escalier, en dessous. Un grand truc rectangulaire avec des murs anormalement épais, annonça fièrement Jordan.

– Vraiment ? répondit la jeune fille avec un sourire un rien narquois, vous voulez certainement parler de la piscine.

Clyde et Jordan en restèrent bouche bée un instant.

– Y avait une piscine sur ce rafiot ? s'exclama Jordan, estomaqué.

– Bien sûr, et même un hammam, un salon de coiffure et une salle de gym. Vous n'avez jamais regardé le plan ou quoi ?

Jordan lui tendit le fameux plan en piteux état et partit se coucher en maugréant. Kim pouffa en jetant un regard amusé en direction de son singe.

Auront-ils le temps d'explorer une nouvelle fois le *Titanic* ?

Pour le savoir, réponds à cette question.
Pourquoi doivent-ils rapidement retourner au fond ?

a. Parce qu'ils n'ont plus de carburant.

b. Parce qu'une tempête est annoncée.

Si tu as choisi a. → Lis le n° 6.
Si tu as choisi b. → Lis le n° 18.

2

– Nom d'un chien, voilà maintenant qu'il fait noir comme dans une soute à charbon ! grogna Jordan, énervé.

Lorsque la lumière revint enfin, le visage de Clyde était lui aussi comme illuminé de l'intérieur.

– Mon vieux Jordy, tu es génial !

– Ah bon ?

– Oui, tu viens de trouver la solution !

– Si tu le dis…

– Les soutes à charbon, c'est la cachette idéale pour une salle secrète ! Un camouflage parfait !

Un sourire de triomphe s'épanouit sur le visage buriné du marin :

– Hééééé, mais c'est pas idiot ce que tu avances, p'tit gars ! Y a pas moins de six soutes à charbon entre les cheminées 2 et 3 ! Et toute cette portion du paquebot a été éparpillée aux quatre vents, enfin, aux quatre courants, j'veux dire… sous nos pieds.

– Il nous reste six heures d'oxygène, calcula Clyde. On a largement le temps de fouiner un peu.

– Tu crois qu'une salle secrète aurait échappé aux

expéditions précédentes ? C'est quand même balèze comme débris !

Clyde eut un haussement d'épaules et dit :

– Bah, tu sais, la première fois qu'il est descendu ici, le célèbre Robert Ballard* n'a même pas vu les hélices géantes du bateau alors qu'il passait juste à côté… De toute façon, ça ne coute rien d'essayer…

Que vont-ils trouver dans les soutes à charbon ?

Réponds à la question suivante pour continuer ta lecture.
Parmi les mots « hermétique – imperméable – perméable – poreux », trouve les synonymes de « étanche ».

a. imperméable et poreux
b. imperméable et hermétique

Si tu as choisi a. → Lis le n° 13.
Si tu as choisi b. → Lis le n° 9.

mémo 7

3

Recommence tes calculs en faisant attention aux zéros.

→ Refais l'exercice du n° 9.

---

* Robert Ballard est l'explorateur qui a localisé l'épave du *Titanic* en 1985.

4

Non. Refais le calcul : une fois et demie s'écrit aussi 1,5.

→ Retourne à l'exercice du n° 16.

5

Faux. Un article défini se place devant un nom commun.

→ Recommence l'exercice du n° 17.

6

Tu as mal lu…

→ Retourne au n° 1.

7

Non. La hauteur est la droite issue d'un sommet du triangle qui passe par ce sommet et qui est perpendiculaire au côté opposé.

→ Refais l'exercice du n° 18.

8

Non. Ce n'est pas une personnification mais une comparaison que l'on peut reconnaitre à l'utilisation du terme de comparaison « comme ».

→ Retourne à l'exercice du n° 15.

9

L'heure suivante s'écoula à toute vitesse, tant nos amis étaient focalisés sur leur tâche. Ils parlaient peu car ils savaient que toute parole superflue risquait de briser leur concentration.

Le champ de débris avait quelque chose de surréaliste. On y trouvait des sommiers, des baignoires, des lampes, des balustrades, des volants…

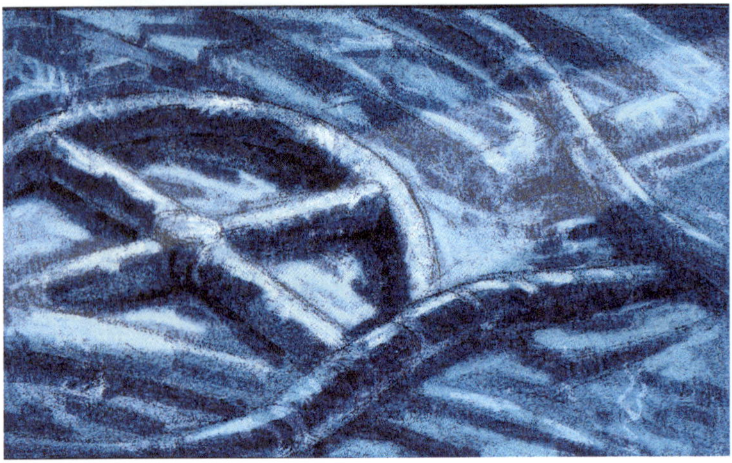

– Un volant ! cria Jordan. Là, ce truc qui dépasse de la vase. Que viendrait faire un volant comme ça dans ce bateau si ce n'est pour fermer un genre de coffre-fort ?

Clyde vira légèrement sur la droite et stoppa les turbines. Le sous-marin était équipé d'un aimant surpuissant. Clyde se plaça juste au-dessus de l'objet, en espérant que son équipement serait assez performant pour arracher une chambre blindée à la vase.

– C'est le moment de vérité, dit-il en actionnant le levier.

Vont-ils réussir à accrocher la chambre ?

Résous ce petit problème pour poursuivre l'aventure.
Si l'on considère que le champ de débris forme un rectangle de l = 40 m sur L = 50 m, quelle est son aire ?

200 m²   2 000 m²

Si tu as trouvé 200 m² → Lis le n° 3.
Si tu as trouvé 2 000 m² → Lis le n° 16.

mémo 20

10 

– Lutter contre le courant a fatigué nos batteries, dit Clyde. On va devoir passer sur le générateur de secours et économiser l'énergie.

– D'accord, mais si on coupe l'aimant, adieu la chambre ! Dieu seul sait où elle va retomber !

– On garde l'aimant et le recyclage de l'air. Par contre, on coupe tout ce qui n'est pas vital : la radio, le chauffage, la lumière, etc.

– Charmante perspective.

– Si on veut continuer à remorquer le trésor, on n'a pas le choix. L'aimant donne déjà des signes de faiblesse.

Jordan inspira une longue goulée d'air et dit :

– Tu m'as convaincu. Allons-y.

Clyde coupa tout ce qu'il put.

Nos héros vont-ils réussir à remonter la chambre secrète ?

Pour le découvrir, réponds à cette question.
Pourquoi sont-ils obligés de couper la radio, le chauffage et la lumière ?

a. Pour échapper à des pirates.
b. Pour économiser l'énergie.

Si tu as choisi a. → Lis le n° 14.
Si tu as choisi b. → Lis le n° 12.

11

Faux. Recommence ton calcul en cherchant la moitié de 3 heures.

→ Refais l'exercice du n° 16.

12

La nuit et le froid s'insinuèrent dans le cockpit du SUB 1, qui montait à une allure d'escargot.

L'attente était insupportable.

Pour Kim aussi, le temps devait paraitre bien long. Ils avaient un code avec elle. Si tout se passait bien, un petit bip sonore parvenait à la jeune femme toutes les heures. Mais depuis que la radio était coupée, leur amie n'avait plus de nouvelles du tout…

– Kim doit se faire un sang d'encre, grommela Jordan.

– Si on veut économiser l'électricité, on n'a pas le choix.

Malgré tout, l'aimant continuait à se fatiguer. Tout à coup, la salle secrète se décrocha.

– Nooooon ! hurla Jordan, désespéré.

Jordan et Clyde ont-ils perdu la chambre ?

Si tu veux le savoir, fais cet exercice. Remplis la grille en plaçant dans l'ordre croissant les parties entières des nombres suivants (en lettres et sans les tirets) pour obtenir un mot dans la colonne surlignée.

27,6 ; 25,5 ; 19,4 ; 5,2 ; 14,1 ; 23,8 ; 24,3 ; 15,7

C'est ton TROISIÈME INDICE. Écris-le :

....

Va vite le noter sur ta page-indices (p. 93).

→ **Maintenant, va au chapitre 4.**

mémo 13

13 

Tu t'es trompé(e). *Poreux* est un antonyme (contraire) d'*imperméable*.

→ Retourne à l'exercice du n° 2.

14 

Tu t'es trompé(e).

→ Relis le texte du n° 10.

15 

Une heure plus tard, ils s'enfonçaient dans l'océan glacé avec un nouveau scaphandre à bord, mais pas de Nestor, hélas.

Cette fois, Jordan avait pris un roman mais il ne parvenait pas à le lire. Au bout d'un moment, il dit à Clyde qui essayait de faire un somme :

– C'est marrant, j'ai rêvé de la chambre secrète tout à l'heure. Dans mon rêve, elle se trouvait sous le grand escalier…

– C'est impossible, tu le sais bien.

Le vieux marin continua pourtant :

– On accrochait la chambre à un treuil et, en tirant, on détruisait tout l'escalier ; et puis ensuite tout ce qu'il restait du bateau s'effritait comme une gaufrette. On avait cassé le *Titanic*…

– Oups ! répliqua Clyde en roulant des yeux.

Les deux hommes restèrent silencieux pendant que, par les hublots, la couleur de l'eau virait du bleu indigo au noir profond.

Trois heures plus tard, Jordan ronflait comme un sonneur lorsque Clyde le réveilla.

– Hey ! Jord' ! On est vraiment beaucoup plus loin de l'épave que prévu !

– Bon sang ! s'écria Jordan en se frottant les yeux. Qu'est-ce que tu racontes ?

– Kim nous avait prévenus. On n'a pas fait attention au courant, on a dû dévier.

À la place du sol verdâtre et ondulant habituel, ce fut un nuage épais qui émergea de l'obscurité. D'après la boussole, le courant poussait la vase en direction du sud-est. Ils devaient aller vers le nord-ouest pour rencontrer le *Titanic*.

Il leur fallut lutter contre le courant durant une bonne heure. Soudain, ils sentirent la résistance s'atténuer. Pourtant leur vitesse augmenta de manière anormale. Ils étaient pris dans un flux puissant qui les emportait vers le *Titanic*. Un courant contraire. Clyde commença à s'inquiéter :

– On approche beaucoup trop vite de l'épave, et sans visibilité, on risque de la percuter…

– Alors remonte, remonte vite… dit Jordan.

Clyde actionna les commandes pour remonter.

– Clyde ! D'après le radar, on arrive à l'épave d'une seconde à l'au…

Jordan n'eut pas le temps de terminer sa phrase : une masse noire fonçait vers eux. C'était la silhouette de la proue du bateau.

Clyde et Jordan vont-ils percuter l'épave du *Titanic* ?

Pour le savoir, réponds à cette question.

Dans la phrase « Trois heures plus tard, Jordan ronflait comme un sonneur lorsque Clyde le réveilla. »

De quelle figure de style s'agit-il ?

a. une personnification **b.** une comparaison

Si tu as choisi a. → Lis le n° 8.
Si tu as choisi b. → Lis le n° 17.

mémo 9

16

Il y eut un bruit visqueux, accompagné d'un chapelet de bulles, et quelque chose d'énorme sortit du sol dans un nuage de vase.

– Ouais, ça marche ! beugla Jordan.

CLANG ! Le « cube » d'acier vint se coller sous le ventre du submersible…

– On a réussi ! C'est la chambre secrète ! s'exclama Jordan.

Soudain, son visage buriné s'assombrit.

– Le coffre va nous alourdir, dit-il. Donc, on va remonter plus lentement. Tu as pensé à l'oxygène ?

– D'après les instruments de mesure, le coffre pèse neuf tonnes, constata Clyde. Cela veut dire que l'on va remonter une fois et demie plus lentement…

– Et alors ?

– Hum, fit Clyde. Ça va être un peu juste mais on devrait y arriver.

Sans plus tarder, il amorça la remontée.

Les minutes s'égrenaient, angoissantes.

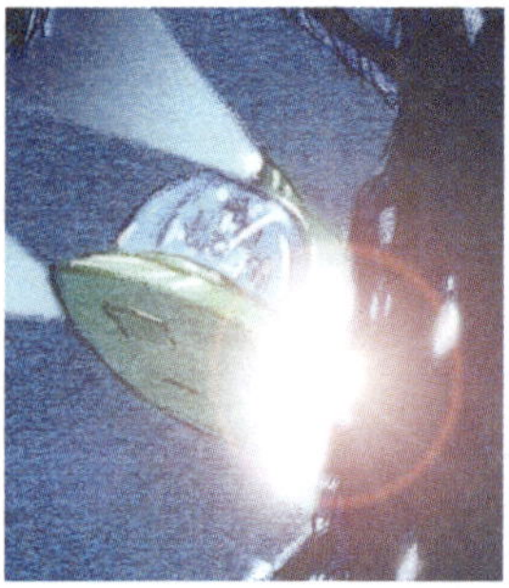

Au bout d'un moment, l'intensité de l'éclairage intérieur se mit à faiblir. Il y avait à nouveau de brèves périodes de pénombre, puis la lumière revenait aussitôt.

– Qu'est-ce qui se passe encore ? s'inquiéta Jordan.

Les batteries vont-elles tenir le coup ?

Réponds à cette question pour vite le découvrir !

D'après Clyde, puisque le coffre ralentit leur remontée, ils vont mettre une fois et demie plus de temps que la normale (3 h), ce qui va donner :

3 h 30 4 h 4 h 30

Si tu as trouvé 3 h 30 → Lis le n° 4.
Si tu as trouvé 4 h → Lis le n° 11.
Si tu as trouvé 4 h 30 → Lis le n° 10.

17 

En une seconde, Clyde fit virer l'engin de 90° pour éviter l'arête d'acier.

Le ventre du sous-marin racla la tôle dans un crissement à vous faire dresser les cheveux sur la tête. Jordan avait roulé au fond du sous-marin au moment du changement de cap mais Clyde s'était accroché aux commandes. Il parvint à s'élever de justesse au-dessus de la montagne de ferrailles qui dardait vers eux ses pointes menaçantes.

Le SUB 1 vira de bord pour échapper au courant violent qui les chassait à présent loin du *Titanic.* Finalement, il se retrouva entre la poupe et la proue. Le courant y était plus faible. Nos amis purent enfin souffler un peu et décompresser. Le puissant projecteur du sous-marin en avait pris un coup lors de l'accrochage et il s'éteignait et se rallumait par intermittence.

– Je commence à me demander si cette épave n'est pas un bateau fantôme qui a décidé d'avoir notre peau, grommela Jordan. Dans mon rêve, j'avais tout faux : c'est pas nous qui émiettons le *Titanic*, c'est le contraire.

– Peut-être qu'il ne veut pas que l'on trouve sa chambre secrète… En tout cas, c'est réussi, impossible d'explorer la poupe avec ce courant imprévisible. Il vaut mieux ne pas tenter le diable.

À ce moment, comme pour lui donner raison, le projecteur s'éteignit complètement, ainsi que la lumière à l'intérieur, et ce, pendant plusieurs longues secondes glaciales.

La lumière va-t-elle revenir ?

Pour le savoir, réponds à cette question.
Dans la phrase « Le courant violent qui les chassait... »,
quelle est la catégorie grammaticale de « les » ?

a. article défini

b. pronom personnel

Si tu as choisi a. → Lis le n° 5.
Si tu as choisi b. → Lis le n° 2.

mémo 4

18 

Cette nuit-là, Jordan et Clyde ne dormirent que trois heures avant de replonger dans les hauts fonds.

À trois heures du matin, ils prirent donc le petit déjeuner avec Kim, un peu inquiète :

– Faites attention aux courants de profondeur, il peut y en avoir de très forts avant une tempête. Promettez-moi de ne pas vous entêter dans les recherches si les conditions sont mauvaises.

– D'accord maman, répondit Clyde avec un sourire en coin.

– Je ne plaisante pas. Vous n'êtes pas assez reposés et j'ai un mauvais pressentiment.

Pour toute réponse, Clyde embrassa la jeune fille sur la joue.

– Honk..., piailla Koum-Koum.

– Qu'est-ce qu'il a ?

– Je crois qu'il veut un baiser, lui aussi, expliqua Kimberley.

Clyde fit la moue :

– Moi, embrasser un singe ? Après le coup qu'il nous a fait ! Beurk… Il aura son baiser le jour où il me sauvera la vie, pas avant !

Et il partit se préparer.

Vont-ils réussir à atteindre l'épave ?

Réponds à cette question pour le découvrir.
Comment appelle-t-on la droite perpendiculaire à un segment [AB] et qui le coupe en son milieu ?

a. la hauteur **b.** la médiatrice

Si tu as choisi a. → Lis le n° 7.
Si tu as choisi b. → Lis le n° 15.

mémo 17

4

Un incroyable coup de théâtre

1 

– On reviendra plus tard, si la *Starship Society* est d'accord, dit Clyde, les mâchoires serrées… et quoi qu'il arrive, on retrouvera ce satané coffre ! Même si on doit fouiller chaque centimètre carré de vase !

Jordan ne disait rien. Il paraissait découragé. Clyde ne l'avait jamais vu aussi triste.

– Bon, en tout cas, on peut réessayer la radio maintenant, proposa-t-il au bout d'un moment.

– Oui, tu as raison.

Clyde tourna le commutateur et lança :

– Kim, c'est nous, à toi !

Un silence pesant lui répondit. Il recommença trois fois sans résultat. Kim n'était pas là. Jordan et le jeune homme se regardèrent, angoissés. Tout à coup, Clyde eut une idée.

Quelle peut être l'idée de Clyde ?

Résous cette petite opération pour le savoir.
Le coffre a une longueur de 4 m, une largeur et une hauteur 2 fois plus petites que la longueur.
Quel est son volume ?

8 m^3 16 m^3

Si tu as trouvé 8 m^3 → Lis le n° 8.
Si tu as trouvé 16 m^3 → Lis le n° 16.

mémo 21

2

Tu n'as pas bien lu le texte ! → Retourne au n° 16.

3

Dix minutes plus tard, les deux sous-marins crevaient la surface des flots presque en même temps. Ils dansaient côte à côte sur les vagues, comme deux gros bouchons jaune vif.

Clyde souleva son écoutille et cria :

– Kimberley, nom d'une pipe, est-ce que tu peux m'expliquer ce que tu fabriques ?

– Moi aussi, je suis heureuse de te revoir, merci, grinça-t-elle en retour.

– Mais qui pilote le bateau ? Comment nous as-tu retrouvés ?

– Holà… tout doux ! Je vais t'expliquer : quand vous avez cessé de m'envoyer le signal, j'avoue que j'ai paniqué. J'ai sauté dans le SUB 2 ; il était hors de question que je reste les bras croisés. Alors j'y suis allée, sans me laisser dévier par le courant, MOI, ce qui explique

qu'on a dû se croiser quelque part à mi-parcours. Et comme la portée de mon radar est très réduite…

– Abrège un peu, je te rappelle qu'il y a une tempête qui arrive.

– J'étais en train de remonter, désespérée, quand j'ai reçu ton appel radio. Aussitôt, je me suis glissée pile à votre verticale, j'ai attendu le « paquet », les bras tendus, et tu connais la suite…

– Cela ne me dit pas qui pilote le bateau !

– Ben, c'est Koum-Koum, bien sûr.

Clyde crut qu'il allait avoir une crise cardiaque.

Koum-Koum sait-il vraiment piloter ?

Pour le savoir, résous d'abord ce problème.

Le *Titanic* repose à 3,6 km de fond et Kimberley a croisé le SUB 1 à mi-distance.

Calcule à quelle profondeur les deux sous-marins se sont croisés.

1 800 mètres 180 mètres

Si tu as trouvé 1 800 mètres → Lis le n° 15.
Si tu as trouvé 180 mètres → Lis le n° 11.

mémo 18

4

Mauvaise réponse. Il n'y a pas, ici, de verbe attributif ; il ne s'agit donc pas d'un attribut du sujet.

→ Refais l'exercice du n° 15.

5 

Non, la phrase « Le chien du voisin lui sauta dessus. » est au sens propre car elle renvoie à son sens premier.

→ Refais l'exercice du n° **14**.

6 

Faux. Le participe passé s'accorde quand le complément du verbe (COD) est placé avant *avoir*.

→ Retourne à l'exercice du n° **9**.

7 

Non. « la grue » est ici complément du verbe : il a vu qui ? « m' », manœuvrer quoi ? « la grue ».

→ Recommence l'exercice du n° **15**.

8 

Tu t'es trompé(e). Recommence ton calcul.

(volume = L × l × h) → Refais l'exercice du n° **1**.

9 

Jordan sursauta dans la pénombre, brusquement tiré de son engourdissement par le « Yaahoooouh ! » du jeune homme.

– C'est Kim ! cria-t-il, euphorique. Elle nous a trouvés et elle porte la chambre à bout de bras !

En effet, Jordan regarda par le hublot et son cœur parut se regonfler d'un coup, comme une éponge sèche plongée dans l'eau. Le submersible de Kim, la chambre forte coincée entre ses deux puissants bras-robots, venait de s'immobiliser à côté d'eux. Kim leur fit un « OK » de la main.

– Elle est bien cette petite, je l'ai toujours dit, renchérit Jordan, ému.

– Incroyable : elle a attrapé la chambre forte au vol… C'est vrai qu'elle est bien cette fille.

Brusquement, Clyde s'interrompit, blanc comme un ours polaire, avant d'ajouter :

– Mais au fait… Si elle est dans le sous-marin, qui pilote le bateau ?

Qui pilote le bateau ?

Pour le savoir, entoure la phrase correctement orthographiée.

a. Elle nous a trouvé.

b. Elle nous a trouvés.

Si tu as entouré a. → Lis le n° 6.
Si tu as entouré b. → Lis le n° 3.

mémo 6

10 

Un homme momifié se trouvait dans un angle du coffre, replié sur lui-même en position fœtale. Il était vêtu d'un costume du début du siècle raidi par le temps. L'absence d'oxygène avait empêché le malheureux de se décomposer. Autour de lui, des cendres… Pas la moindre trace du trésor tant espéré !

Kim remarqua un billet de banque dans les mains de l'homme. Cela lui parut étrange. Elle parvint à faire glisser délicatement le bout de papier d'entre les doigts parcheminés de l'inconnu.

Un texte y était écrit en tout petit.

Quel est le message laissé par l'homme ?

Si tu veux le savoir, replace dans l'ordre croissant ces différents angles :

angle obtus	**I**
angle plat	**T**
angle aigu	**N**
angle droit	**U**

Recopie les lettres :

C'est ton QUATRIÈME et DERNIER INDICE à reporter sur ta page-indices (p. 93).

Maintenant → Lis le n° 12 pour connaitre la fin de l'histoire.

mémo 22

11 

Tu t'es trompé(e) ! Tu dois convertir les km en m.

→ Refais l'exercice du n° 3.

12 

Kimberley lut à haute voix les passages qui n'étaient pas effacés par le temps :

« Je suis… ne veux pas mourir noyé. J'ai peu d'espoir que quelqu'un vienne me libérer. J'ai entendu un bruit terrible et maintenant je sens que la chambre tombe… interminable… Ma fin est proche… froid, partout, autour… trop froid… vais bruler l'argent pour me réchauffer… Imbécile ! Mon oxygène brule en même temps. Je serai mort, asphyxié, avant même d'arriver en bas… »

Après deux bonnes minutes de silence, Jordan prit la parole, un voile sur la voix :

– J'ai toujours pensé à cette salle comme à un coffre-fort, mais il s'agit plutôt d'une sépulture. Je le vois bien à présent. Je me demande si on a eu raison de la profaner…

Clyde dit :

– Vous pensez à la même chose que moi ?

Ses deux amis hochèrent la tête.

Une heure plus tard, la chambre secrète du *Titanic*, hermétiquement fermée, sombrait à nouveau dans les profondeurs infinies de l'océan, en silence.

Sur le pont du bateau, nos amis buvaient un dernier café chaud avant le départ, tous trois contemplant les eaux bleues de l'océan qui s'étaient refermées sur le secret du *Titanic.*

FIN

Bravo ! Puisque tu es allé(e) jusqu'au bout de cette histoire et de ses exercices, nous te proposons de nous envoyer, sur le site www.lenigme.com, la liste des indices que tu as écrits page 93 et tu pourras télécharger des surprises !

À bientôt pour une nouvelle aventure !

13 

Tu t'es trompé(e). → Relis bien le texte du n° 16.

14 

Le trio se mit à l'ouvrage sans plus attendre.

Kim grattait la couche de rouille sur la porte avec une raclette pendant que Jordan l'aidait au Kärcher. De son côté, Clyde ponçait la grosse molette qui commandait l'ouverture.

– Je parie qu'on va trouver là-dedans un petit magot

comme on n'en voit pas souvent dans une vie. Un trésor, les amis…

Kim s'écria soudain :

– Hey ! Il y a quelque chose d'écrit, là !

En effet, une inscription était gravée dans le métal de la porte, mais on ne pouvait en lire qu'une partie. Il s'agissait d'un mot écrit en lettres majuscules et dont le début était effacé.

– C'est le code pour ouvrir la porte, surement, dit Jordan. Le gars a dû graver ça à la hâte avant de s'enfermer…

– Non, répliqua Clyde, ça ne peut pas être le code : la molette est graduée en chiffres.

– Combien y a-t-il de graduations ? demanda Kim, qui avait une idée derrière la tête.

– Vingt-six, répondit Clyde après un rapide examen. Pourquoi ?

Kim prit un air malin et lança :

– Il y a autant de graduations que de lettres dans l'alphabet. Donc, il y a toutes les chances pour que le mot gravé, une fois complété, nous donne la combinaison du coffre !

– C'est pas bête, dit Jordan. On va essayer de trouver quel mot c'était. Cela devait avoir un rapport avec le *Titanic*, ou la marine, ou un truc comme ça… Qu'est-ce qu'on a comme lettres ?

– … IC, déchiffra Kim. Mais on ne sait pas combien il y avait de lettres avant…

– Essayons OLYMPIC, proposa Clyde. Après tout,

c'était le frère jumeau du *Titanic*. Peut-être qu'à bord de l'*Olympic*, le mot de passe était… *Titanic* !

15 – 12 – 25 – 13 – 16 – 9 – 3.

Il y eut un « clic » sonore, puis la porte s'ouvrit lentement.

Une odeur de vieux grenier sauta à la gorge de nos trois amis et le spectacle qu'ils découvrirent leur serra le cœur. Koum-Koum, effrayé, avait trouvé refuge derrière Kimberley et ne lui lâchait plus les jambes.

– Ben alors ça, murmura Jordan, la mâchoire pendante.

Que contient ce mystérieux coffre ?

Pour le savoir enfin, réponds à la question suivante.
Dans quelle phrase le verbe « sauter » est-il au sens figuré ?

a. Une odeur de vieux grenier lui sauta à la gorge.
b. Le chien du voisin lui sauta dessus.

Si tu as répondu a. → Lis le n° 10.
Si tu as répondu b. → Lis le n° 5.

mémo 12

15 

– Tu… Tu es en train de me dire, bafouilla Clyde, que mon bateau, un navire qui coute un million de dollars, est entre les mains de… d'un gorille débile et baveux ? Un bouffeur de bananes ?

– Non, un chimpanzé. Tu n'as pas à t'inquiéter. Koum-Koum est très intelligent. Il m'a vue manœuvrer la grue et le bateau des dizaines de fois. Il sait très bien comment ça marche. D'ailleurs, c'est lui qui a mis le SUB 2 à l'eau.

Clyde était atterré. La jeune femme montra quelque chose derrière elle.

– Regarde, il nous a vus et il vient nous chercher. Brave Koum-Koum !

Koum-Koum stoppa les machines non loin des submersibles, arrimant le SUB 2 et sa précieuse cargaison en premier. Kim reprit les commandes pour hisser ses amis à bord.

Clyde s'était calmé et il accepta même d'embrasser le singe sur la joue pour le remercier.

– Chose promise, chose due, dit-il avec une moue de dégout. Tu nous as sauvé la vie aujourd'hui, Koum-Koum !

– Hé ho ! intervint Jordan. Je ne voudrais pas interrompre cette scène d'un romantisme touchant, mais si on l'ouvrait, cette chambre secrète ?

Comment ouvrir le coffre ?

Dans les phrases suivantes, relève un attribut du sujet :

« Tu n'as pas à t'inquiéter. Koum-Koum est très intelligent. Il m'a vue manœuvrer la grue et le bateau des dizaines de fois. Il sait très bien comment ça marche. »

Si tu as choisi « des dizaines de fois ». → Lis le n° 4.
Si tu as choisi « la grue ». → Lis le n° 7.
Si tu as choisi « intelligent ». → Lis le n° 14.

mémo 5

16 

Clyde changea de fréquence et appela l'autre submersible, le SUB 2. Miracle : la voix chaleureuse de Kimberley lui arracha un sourire.

– Je suis là… Crrrr… Qu'est-ce qui se passe ?… Crrrr… À vous, demanda-t-elle nerveusement.

Clyde parla en style télégraphique pour aller plus vite :

– Perdu la chambre. Plus de batteries, sommes à 300 mètres de profondeur…

Il donna leur position exacte. Une voix lointaine et crachotante lui répondit : « … du mal à t'entendre… émission brouillée… » Puis plus rien.

Les batteries arrivaient vraiment en fin de vie. Le recyclage de l'air était la seule chose qui fonctionnait encore…

« Pour combien de temps ? » se demanda Clyde.

Cinq minutes plus tard, il vit le cube de la chambre forte sortir de l'obscurité et remonter vers eux. Il n'en croyait pas ses yeux.

Comment la chambre forte peut-elle remonter ?

Tu le sauras si tu réponds à cette question.

Pourquoi Kimberley ne répond-elle pas ?

a. Parce que le bateau a coulé.

b. Parce que la radio ne fonctionne plus.

c. Parce qu'elle est dans le SUB 2.

Si tu as choisi a. → Lis le n° 2.
Si tu as choisi b. → Lis le n° 13.
Si tu as choisi c. → Lis le n° 9.

Mémo

Pour t'aider à faire tes exercices

Français

Maths

Grammaire

1 La phrase simple et la phrase complexe

• On appelle **phrase simple** une phrase qui ne comporte qu'un seul verbe conjugué.

Le sous-marin explore le fond de la mer.

→ Un seul verbe : « explore »

• On appelle **phrase complexe** une phrase qui comporte plusieurs verbes conjugués.

Les plongeurs progressaient lentement lorsqu'un énorme poisson surgit devant eux.

→ Deux verbes : « progressaient » et « surgit ».

2 Les compléments

On distingue plusieurs types de compléments.

• **Le complément du nom**

Il est généralement précédé de « à » ou « de » et complète toujours un nom.

Une mer d'huile

→ « huile » complète ici le nom « mer ».

• **Le complément du verbe**

Il complète un verbe :

– c'est un nom, groupe nominal ou pronom personnel placé directement derrière un verbe (complément d'objet direct) ;

J'aperçus une serre.

– c'est un nom, groupe nominal ou pronom personnel placé derrière un verbe construit avec « à » ou « de » (complément d'objet indirect).

Il veut téléphoner à ses parents.

• **Le complément de phrase**

Dans une phrase, les compléments que l'on peut supprimer ou déplacer sans changer le sens de la phrase sont des compléments de phrase. Ils répondent aux questions suivantes :

– **Où ?** → complément de phrase indiquant le lieu.

– **Quand ?** → complément de phrase indiquant le temps.
– **Comment ?** → complément de phrase indiquant la manière.
– **Pourquoi ?** → complément de phrase indiquant la cause.

Les compléments de phrase sont souvent construits avec une préposition :
– **lieu** : à, chez, dans, devant, derrière, entre, jusqu'à...
– **temps** : à, avant de, depuis, dès, pendant...
– **cause** : de, à cause de, en raison de, grâce à...
– **manière** : avec, de, en, par.

3 Les modes

On distingue :

- le **mode indicatif** qui permet de situer l'action dans le temps (présent, imparfait, passé simple et futur).
  je viens, je venais, je vins, je viendrai.

- le **mode conditionnel** qui exprime une hypothèse, une condition ou le futur dans le passé.
  J'irais bien voir le dernier film de Harry Potter.

- le **mode impératif** utilisé pour donner un ordre, formuler un conseil, un souhait ou une prière.
  Sortez d'ici ! (ordre)
  Préparez bien vos affaires la veille. (conseil)

4 Les pronoms

On distingue plusieurs catégories de pronoms.

- **Les pronoms personnels** qui désignent des personnes ou des choses. Ils peuvent être sujets : *je – tu – il – elle – nous – vous – ils – elles*, ou compléments : *me – te – le – la – en – y – nous – vous – les – leur.*

- **Les pronoms possessifs** : *le mien – le tien – le sien – le nôtre – le vôtre – le leur* et leurs formes au féminin, au masculin et féminin pluriels.

- **Les pronoms démonstratifs** : *celui – celle – celui-là – celui-ci – ce – ceci – cela – ceux – celles...*

- **Les pronoms réfléchis** : *me – te – se – nous – vous – se.*

5 L'attribut du sujet

L'attribut du sujet donne des renseignements sur le sujet grâce à un verbe particulier appelé verbe attributif (*être, paraitre, sembler, demeurer, rester, devenir*). Il est d'ailleurs placé après ce verbe.
L'attribut du sujet est le plus souvent :
– un adjectif
Elle semble contente.
– un nom ou un groupe nominal
Les aventuriers sont des gens audacieux.

6 L'accord du participe passé avec *avoir*

Le participe passé employé avec *avoir* ne s'accorde pas, sauf lorsque le complément du verbe (COD) est placé avant *avoir*.
J'ai lu des livres.
Les livres que j'ai lus, les villes que nous avons visitées.
COD COD

Vocabulaire

7 Synonymes, antonymes et homonymes

- On appelle **synonymes** des mots de même classe grammaticale qui ont un sens identique ou proche.
accepter – admettre – tolérer

- On appelle **antonymes** des mots de même classe grammaticale de sens contraire :
chaud ≠ froid,
grand ≠ petit,
beau ≠ laid,
visible ≠ invisible.

- On appelle **homonyme** un mot qui s'écrit (homographe) ou qui se prononce (homophone) de la même façon qu'un autre mais n'a pas la même signification.
verre – ver – vers – vert
cour – cours – court
père – paire – pair

8 La formation des mots

Dans un mot, on distingue souvent trois éléments :

- **Le préfixe** qui se place avant le radical pour changer le sens du mot ;
  inconnu ; parcourir ; survêtement ; découvrir ; revenir ; prévoir...

- **Le radical** qui est la base même du mot et auquel on peut ajouter un préfixe et un suffixe ;
  ven → prévention ; convenance ; subvenir

- **Le suffixe** qui se place derrière le radical ;
  grandeur ; petitesse ; compétence ; sportif ; animation ; lentement

Expression écrite

9 Les figures de style

- La **comparaison** utilise un terme de comparaison (*comme, pareil à, tel que...*) pour associer deux termes.
  Le navire fendait les flots comme une flèche.

- La **personnification** attribue à des objets ou des animaux des caractéristiques humaines.
  Le singe répondit par la négative.
  → Ici, le singe « parle ».

10 Les champs lexicaux

On appelle champ lexical l'ensemble des mots qui, dans un même texte, se rapportent à un sujet commun.

Gel, neige, frimas... se rapportent au champ lexical du froid.

11 Les registres de langue

On distingue trois registres de langue :

- **Le registre familier** que l'on emploie à l'oral, entre amis ;
  Des godasses, des pompes.

- **Le registre courant** qui est le langage de tous les jours ;
  Des chaussures, des sandales.

- **Le registre soutenu** qui est plus technique, plus littéraire ;
  Des spartiates, des mocassins.

12 Sens propre – Sens figuré

Un mot peut avoir plusieurs sens.
Une carte marine (un plan pour se diriger sur/sous l'eau).
Une carte postale (pour écrire du courrier).

On emploie des mots selon deux sens :

- Le sens propre qui est le sens réel du mot :
  J'ai nagé pendant deux heures.

- Le sens figuré qui est une image :
  Je nage en plein bonheur.

Nombres et calculs

13 Les nombres décimaux

- On écrit les nombres décimaux à l'aide de chiffres.
  1 357 924,680

On appelle **décimale** la partie située après la virgule : 18,25 et **entière** la partie située avant la virgule : 18,25.

- **Pour comparer deux nombres décimaux**, il faut regarder les parties entières.

Si elles sont différentes, le plus grand nombre est celui qui a la plus grande partie entière.
27,6 > 24,3.

Si elles sont égales, il faut comparer les chiffres de même rang dans la partie décimale (dizièmes puis centièmes...) jusqu'à trouver deux chiffres différents.
27,68 > 27,52
27,68 > 27,64.

14 Les fractions

- Elles sont formées d'un **numérateur** et d'un **dénominateur** $\left(\frac{N}{D}\right)$.

Elles expriment un rapport.
$\frac{7}{10}$ des élèves sont demi-pensionnaires.

- Le produit d'un décimal par une fraction

Il existe trois façons de multiplier un décimal par une fraction :

$\frac{2}{3} \times 31{,}2 = 20{,}8$ $\frac{(2 \times 31{,}2)}{3} = 20{,}8$ $2 \times \left(\frac{31{,}2}{3}\right) = 20{,}8$

15 Les pourcentages

Ils permettent de déterminer une quantité. Ils représentent une partie exprimée en %, c'est-à-dire en **centièmes**.

25 % équivalent à $\frac{25}{100}$. Si 25 % des élèves d'une classe de 32 élèves sont des garçons, cela revient à calculer $32 \times \frac{25}{100} = 8$ élèves.

Espace et géométrie

16 Les quadrilatères

Un quadrilatère a 4 sommets, 4 côtés et 2 diagonales.

17 La médiatrice et la hauteur

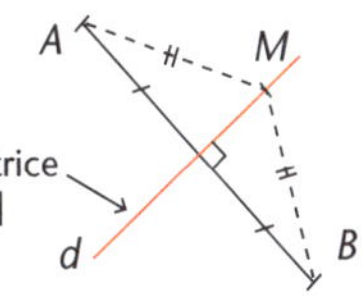

- On appelle **médiatrice** d'un segment la droite perpendiculaire à ce segment en son milieu.
- On appelle **hauteur** la droite issue d'un sommet d'un triangle qui passe par ce sommet et qui est perpendiculaire au côté opposé.

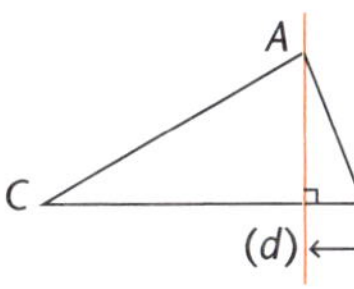

Grandeurs et mesures

18 Les mesures de longueur

L'unité de longueur est le mètre (m), à partir duquel on détermine le kilomètre (km) qui équivaut à 1 000 m, l'hectomètre (hm) à 100 m, le décamètre (dam) à 10 m, le décimètre (dm) à 0,10 m, le centimètre (cm) à 0,01 m et le millimètre (mm) à 0,001 m.

km	hm	dam	m	dm	cm	mm
3 ,	6	0	0			

19 Le périmètre du cercle

Le périmètre d'un cercle de diamètre *d* est égal à $\pi \times d$ ou $2 \times \pi \times r$.

Un cercle de 2 m de diamètre aura un périmètre de 3,14 × 2 = 6, 28 m.

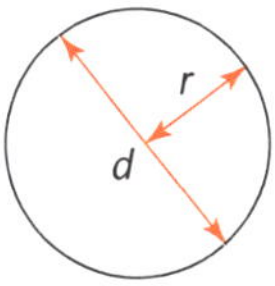

20 L'aire

Aire d'un rectangle = **L × l.**
Aire d'un carré = **c × c.**

Aire d'un triangle rectangle = $\frac{\mathbf{a \times b}}{\mathbf{2}}$.

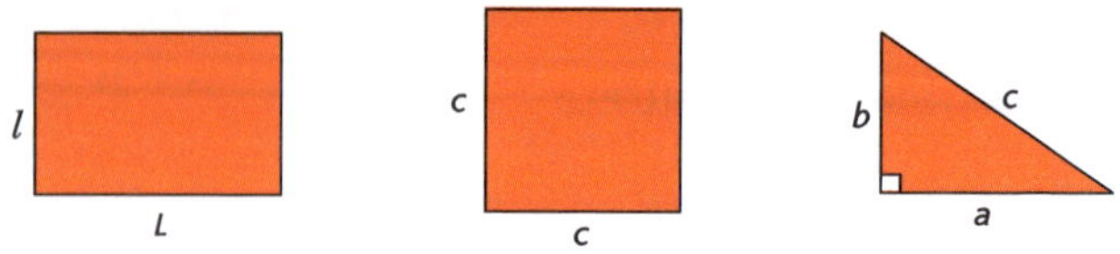

21 Les volumes

Le volume d'un pavé droit, ou d'un cube, se calcule en multipliant les **trois dimensions de l'objet** (longueur, largeur et hauteur, par exemple).

22 Les angles

On distingue :
– l'**angle aigu**, qui est plus petit que l'angle droit ;
– l'**angle droit,** qui mesure 90° ;
– l'**angle obtus,** qui est plus grand que l'angle droit ;
– l'**angle plat,** qui mesure 180°.

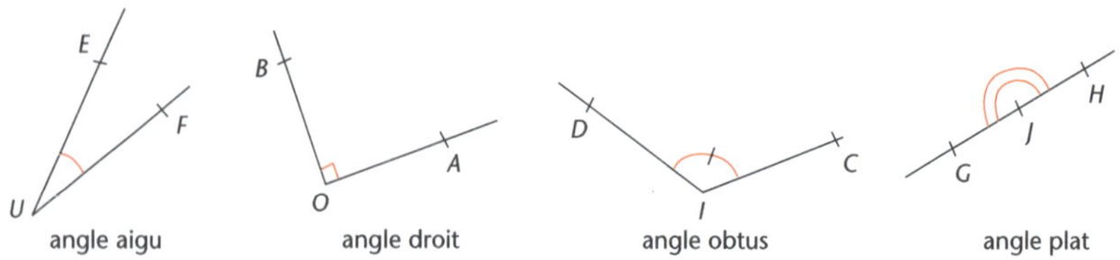

Page-indices

Le secret du Titanic

de la 6e à la 5^{e}

Note ci-dessous les indices que tu as trouvés
au cours de ta lecture.

Va vite te connecter sur le site
www.lenigme.com
pour nous envoyer tes indices,
et tu pourras télécharger plein de cadeaux !

INDICE 1 Proue ....

INDICE 2 ....

INDICE 3 ....

INDICE 4 ....

Bravo ! *Tu as trouvé tous les indices !*

Table des matières

Chapitre 3 Une nuit agitée

Chapitre 4 Un incroyable coup de théâtre

N° d'éditeur 10253514 – LASERGRAPHIE – Mars 2019
Imprimé en Italie par BONA

L'ÉNIGME DES VACANCES

Choisis ton univers !

Historique · FANTASTIQUE · Policier · Aventure · FRISSON · Princesse

du CP au CE1

- Le voleur invisible
- Sophia, princesse de la mer 🎧
- Le mystère de la source 🎧
- Disparition au pays des poneys 🎧
- Panique chez les pandas

du CE1 au CE2

- La peur au bout de la laisse
- Mystère au cirque Alzared
- Attention ! Dauphins en danger
- Pas si désert que ça !
- Menace sur Madagascar
- Pirates en péril ! 🎧

du CE2 au CM1

- Le labyrinthe des dragons
- Les fantômes de Glamorgan
- La plage du Prince Blanc
- Le phare de la peur
- Montagne explosive !
- Menaces sur la finale de foot
- Planète dinosaures

du CM1 au CM2

- Le voleur de papyrus
- Le secret de la jungle
- Le sortilège des loups-garous
- Parfum de vacances
- La carrière interdite
- Mystère dans le bush australien
- Drôles d'époques ! 7 HISTOIRES

du CM2 à la 6e

- Le trésor des Templiers
- Panique à la Pop Academy
- La forêt de l'épouvante
- À la recherche de la cité perdue
- Eaux troubles à Venise
- Drôles de familles ! 7 HISTOIRES

de la 6e à la 5e

- Le secret du Titanic
- Drôle de trafic
- Complot chez les cordons-bleus
- The Refuge in Danger 🎧 (en anglais)

de la 5e à la 4e

- Operation Blue Lagoon 🎧 (en anglais)
- Chute mortelle au Mont-Saint-Michel
- The Captain is Missing! 🎧 (en anglais)
- Le souffle de l'ange

de la 4e à la 3e

- Murder in West Park 🎧 (en anglais)
- The Mark of the Vampire 🎧 (en anglais)
- The Wizards' Night 🎧 (en anglais)

🎧 Histoire à podcaster sur le site www.lenigme.com

Retrouve-nous sur le site : www.lenigme.com